Recipe: ....

Ingredients: ....

GW01453020

....

....

....
....
....
....
....
....
....
....
....
....
....
....
....
....
....

Notes

....
....
....

Recipe:..

Ingredients:..

....

....

....

....

....

....

....

....

....

....

....

....

....

....

Notes

....

....

....

Recipe: ....

Ingredients: ....

....

....

....

....

....

....

....

....

....

....

....

....

....

....

Notes

....

....

....

Recipe:..

Ingredients:...

....

....

....

....

....

....

....

....

....

....

....

....

....

....

....

Notes

....

....

....

Recipe: ....

Ingredients: ....

....

....

....

....

....

....

....

....

....

....

....

....

....

Notes

....

....

....

Recipe:...

Ingredients:...

....

....

....

....

....

....

....

....

....

....

....

....

....

Notes

....

....

....

Recipe: ....

Ingredients: ....

....

....

....

....

....

....

....

....

....

....

....

....

....

....

Notes

....

....

....

Recipe: ....

Ingredients: ....

....

....

....

....

....

....

....

....

....

....

....

....

....

Notes

....

....

....

Recipe:..

Ingredients:...

....

....

....

....

....

....

....

....

....

....

....

....

....

Notes

....

....

....

Recipe:...

Ingredients:...

....

....

....

....

....

....

....

....

....

....

....

....

....

Notes

....

....

....

Recipe: ....

Ingredients: ....

....

....

....

....

....

....

....

....

....

....

....

....

....

....

Notes

....

....

....

Recipe:..

Ingredients:...

....

....

....

....

....

....

....

....

....

....

....

....

....

Notes

....

....

....

Recipe:...

Ingredients:..

....

....

....

....

....

....

....

....

....

....

....

....

....

....

Notes

....

....

....

Recipe:..

Ingredients:..

....
....
....
....
....
....
....
....
....
....
....
....
....

Notes
....
....
....

Recipe:..

Ingredients:..

....
....
....
....
....
....
....
....
....
....
....
....
....

Notes

....
....
....

Recipe:..

Ingredients:..

....

....

....

....

....

....

....

....

....

....

....

....

....

....

....

Notes

....

....

....

Recipe:..

Ingredients:..

....

....

....

....

....

....

....

....

....

....

....

....

....

....

Notes

....

....

....

Recipe:...

Ingredients:...

....

....

....

....

....

....

....

....

....

....

....

....

....

....

Notes

....

....

....

Recipe:..

Ingredients:..

....

....

....

....

....

....

....

....

....

....

....

....

....

....

Notes

....

....

....

Recipe: ....

Ingredients: ....

....

....

....

....

....

....

....

....

....

....

....

....

....

....

Notes

....

....

....

Recipe:

Ingredients:

Notes

Recipe: ....

Ingredients: ....

....

....

....

....

....

....

....

....

....

....

....

....

....

....

....

Notes

....

....

....

Recipe: ....

Ingredients: ....

....

....

....

....

....

....

....

....

....

....

....

....

....

....

Notes

....

....

....

Recipe:

Ingredients:

Notes

Recipe:..

Ingredients:...

....

....

....

....

....

....

....

....

....

....

....

....

....

....

Notes

....

....

....

Recipe: ....

Ingredients: ....

....

....

....

....

....

....

....

....

....

....

....

....

....

....

....

Notes

....

....

....

Recipe:

Ingredients:

....

....

....

....

....

....

....

....

....

....

....

....

....

....

Notes

....

....

....

Recipe:..

Ingredients:...

....

....

....

....

....

....

....

....

....

....

....

....

....

....

Notes

....

....

....

Recipe: ....

Ingredients: ....

....

....

....

....

....

....

....

....

....

....

....

....

....

Notes

....

....

....

Recipe: ....

Ingredients: ....

....

....

....

....

....

....

....

....

....

....

....

....

....

....

Notes

....

....

....

Recipe:...

Ingredients:...

....

....

....

....

....

....

....

....

....

....

....

....

....

....

Notes

....

....

....

Recipe: ....

Ingredients: ....

....

....

....

....

....

....

....

....

....

....

....

....

....

....

Notes

....

....

....

Recipe:...

Ingredients:...

....

....

....

....

....

....

....

....

....

....

....

....

....

....

Notes

....

....

....

Recipe: ....

Ingredients: ....

....

....

....

....

....

....

....

....

....

....

....

....

....

....

....

Notes

....

....

....

Recipe:...

Ingredients:..

....

....

....

....

....

....

....

....

....

....

....

....

....

....

Notes

....

....

....

Recipe: ....

Ingredients: ....

....
....
....
....
....
....
....
....
....
....
....
....
....

Notes

....
....
....

Recipe:...

Ingredients:...

....

....

....

....

....

....

....

....

....

....

....

....

....

....

Notes

....

....

....

Recipe:

Ingredients:

Notes

Recipe: ....

Ingredients: ....

....

....

....

....

....

....

....

....

....

....

....

....

....

Notes

....

....

....

Recipe:

Ingredients:

....

....

....

....

....

....

....

....

....

....

....

....

....

....

Notes

....

....

....

Recipe: ....

Ingredients: ....

....

....

....

....

....

....

....

....

....

....

....

....

....

....

....

Notes

....

....

....

Recipe: ....

Ingredients: ....

....

....

....

....

....

....

....

....

....

....

....

....

....

Notes

....

....

....

Recipe:...

Ingredients:...

....

....

....

....

....

....

....

....

....

....

....

....

....

....

Notes

....

....

....

Recipe: ....

Ingredients: ....

....

....

....

....

....

....

....

....

....

....

....

....

....

....

....

Notes

....

....

....

Recipe:

Ingredients:

Notes

Recipe:

Ingredients:

....

....

....

....

....

....

....

....

....

....

....

....

....

....

Notes

....

....

....

Recipe: ....

Ingredients: ....

....

....

....

....

....

....

....

....

....

....

....

....

....

....

....

Notes

....

....

....

Recipe: ....

Ingredients: ....

....

....

....

....

....

....

....

....

....

....

....

....

....

....

Notes

....

....

....

Recipe: ....

Ingredients: ....

....

....

....

....

....

....

....

....

....

....

....

....

....

....

Notes

....

....

....

Recipe: ....

Ingredients: ....

....

....

....

....

....

....

....

....

....

....

....

....

....

....

....

Notes

....

....

....

Recipe: ....

Ingredients: ....

....

....

....

....

....

....

....

....

....

....

....

....

....

....

Notes

....

....

....

Recipe: ....

Ingredients: ....

....

....

....

....

....

....

....

....

....

....

....

....

....

....

Notes

....

....

....

Recipe: ....

Ingredients: ....

....

....

....

....

....

....

....

....

....

....

....

....

....

....

....

Notes

....

....

....

Recipe: ....

Ingredients: ....

....

....

....

....

....

....

....

....

....

....

....

....

....

....

Notes

....

....

....

Recipe: ....

Ingredients: ....

....

....

....

....

....

....

....

....

....

....

....

....

....

....

Notes

....

....

....

Recipe: ....

Ingredients: ....

....

....

....

....

....

....

....

....

....

....

....

....

....

....

Notes

....

....

....

Recipe:

Ingredients:

Notes

Recipe:..

Ingredients:..

....

....

....

....

....

....

....

....

....

....

....

....

....

....

Notes

....

....

....

Recipe: ....

Ingredients: ....

....

....

....

....

....

....

....

....

....

....

....

....

....

....

Notes

....

....

....

Recipe:..

Ingredients:...

....

....

....

....

....

....

....

....

....

....

....

....

....

Notes

....

....

....

Recipe:..

Ingredients:...

....

....

....

....

....

....

....

....

....

....

....

....

....

....

Notes

....

....

....

Recipe:

Ingredients:

....

....

....

....

....

....

....

....

....

....

....

....

....

....

Notes

....

....

....

Recipe: ....

Ingredients: ....

....

....

....

....

....

....

....

....

....

....

....

....

....

....

Notes

....

....

....

Recipe: ....

Ingredients: ....

....

....

....

....

....

....

....

....

....

....

....

....

....

....

....

Notes

....

....

....

Recipe: ....

Ingredients: ....

....

....

....

....

....

....

....

....

....

....

....

....

....

....

....

Notes

....

....

....

Recipe:..

Ingredients:..

....

....

....

....

....

....

....

....

....

....

....

....

....

Notes

....

....

....

Recipe:...

Ingredients:..

....

....

....

....

....

....

....

....

....

....

....

....

....

Notes

....

....

....

Recipe:

Ingredients:

....

....

....

....

....

....

....

....

....

....

....

....

....

....

Notes

Recipe: ....

Ingredients: ....

....

....

....

....

....

....

....

....

....

....

....

....

....

....

Notes

....

....

....

Recipe: ....

Ingredients: ....

....

....

....

....

....

....

....

....

....

....

....

....

....

....

Notes

....

....

....

Recipe: ....

Ingredients: ....

....

....

....

....

....

....

....

....

....

....

....

....

....

....

Notes

....

....

....

Recipe:...

Ingredients:...

....

....

....

....

....

....

....

....

....

....

....

....

....

Notes

....

....

....

Recipe: ....

Ingredients: ....

....

....

....

....

....

....

....

....

....

....

....

....

Notes

....

....

....

Recipe: ....

Ingredients: ....

....

....

....

....

....

....

....

....

....

....

....

....

....

....

Notes

....

....

....

Recipe:

Ingredients:

....

....

....

....

....

....

....

....

....

....

....

....

....

Notes

....

....

....

Recipe: ....

Ingredients: ....

....

....

....

....

....

....

....

....

....

....

....

....

....

....

Notes

....

....

....

Recipe:...

Ingredients:...

....

....

....

....

....

....

....

....

....

....

....

....

....

Notes

....

....

....

Recipe: ....

Ingredients: ....

....

....

....

....

....

....

....

....

....

....

....

....

....

....

Notes

....

....

....

Recipe: ....

Ingredients: ....

....

....

....

....

....

....

....

....

....

....

....

....

....

Notes

....

....

....

Recipe: ....

Ingredients: ....

....

....

....

....

....

....

....

....

....

....

....

....

....

....

Notes

....

....

....

Recipe:

Ingredients:

Notes

Recipe: ....

Ingredients: ....

....

....

....

....

....

....

....

....

....

....

....

....

....

....

Notes

....

....

....

Recipe: ....

Ingredients: ....

....

....

....

....

....

....

....

....

....

....

....

....

....

....

....

Notes

....

....

....

Recipe:..

Ingredients:...

....

....

....

....

....

....

....

....

....

....

....

....

....

Notes

....

....

....

Recipe:..

Ingredients:...

....

....

....

....

....

....

....

....

....

....

....

....

....

Notes

....

....

....

Recipe: ....

Ingredients: ....

....

....

....

....

....

....

....

....

....

....

....

....

....

....

Notes

....

....

....

Recipe:

Ingredients:

Notes

Recipe:

Ingredients:

....

....

....

....

....

....

....

....

....

....

....

....

....

....

Notes

....

....

....

Recipe:

Ingredients:

....

....

....

....

....

....

....

....

....

....

....

....

....

....

Notes

....

....

....

Recipe: ....

Ingredients: ....

....

....

....

....

....

....

....

....

....

....

....

....

....

Notes

....

....

....

Recipe:..

Ingredients:...

....

....

....

....

....

....

....

....

....

....

....

....

....

Notes

....

....

....

Recipe: ....

Ingredients: ....

....

....

....

....

....

....

....

....

....

....

....

....

....

....

Notes

....

....

....

Recipe:

Ingredients:

....

....

....

....

....

....

....

....

....

....

....

....

....

Notes

....

....

....

Recipe: ....

Ingredients: ....

....

....

....

....

....

....

....

....

....

....

....

....

....

....

Notes

....

....

....

Recipe: ....

Ingredients: ....

....

....

....

....

....

....

....

....

....

....

....

....

....

....

Notes

....

....

....

Recipe: ....

Ingredients: ....

....

....

....

....

....

....

....

....

....

....

....

....

....

....

Notes

....

....

....

Recipe: ....

Ingredients: ....

....

....

....

....

....

....

....

....

....

....

....

....

....

....

Notes

....

....

....

Recipe: ....

Ingredients: ....

....

....

....

....

....

....

....

....

....

....

....

....

....

Notes

....

....

....

Recipe:

Ingredients:

Notes

Recipe:

Ingredients:

....

....

....

....

....

....

....

....

....

....

....

....

....

....

Notes

....

....

....

Recipe: ....

Ingredients: ....

....

....

....

....

....

....

....

....

....

....

....

....

....

....

Notes

....

....

....

Recipe:...

Ingredients:...

....

....

....

....

....

....

....

....

....

....

....

....

....

Notes

....

....

....

Recipe: ....

Ingredients: ....

....

....

....

....

....

....

....

....

....

....

....

....

....

....

....

Notes

....

....

....

Recipe:

Ingredients:

....

....

....

....

....

....

....

....

....

....

....

....

....

....

Notes

....

....

....

Recipe:..

Ingredients:..

....

....

....

....

....

....

....

....

....

....

....

....

....

....

....

Notes

....

....

....

Recipe: ....

Ingredients: ....

....
....
....
....
....
....
....
....
....
....
....
....
....
....

Notes

....
....
....

Recipe:..

Ingredients:...

....

....

....

....

....

....

....

....

....

....

....

....

....

....

Notes

....

....

....

Recipe: ....

Ingredients: ....

....

....

....

....

....

....

....

....

....

....

....

....

....

....

Notes

....

....

....

Recipe:..

Ingredients:...

....

....

....

....

....

....

....

....

....

....

....

....

....

....

Notes

....

....

....

Recipe: ....

Ingredients: ....

....

....

....

....

....

....

....

....

....

....

....

....

....

....

Notes

....

....

....

Recipe: ....

Ingredients: ....

....

....

....

....

....

....

....

....

....

....

....

....

....

....

Notes

....

....

....

Recipe: ....

Ingredients: ....

....
....
....
....
....
....
....
....
....
....
....
....
....
....

Notes

....
....
....

Recipe: ....

Ingredients: ....

....

....

....

....

....

....

....

....

....

....

....

....

....

Notes

....

....

....

Recipe:

Ingredients:

....

....

....

....

....

....

....

....

....

....

....

....

Notes

....

....

....

Recipe:..

Ingredients:...

....

....

....

....

....

....

....

....

....

....

....

....

....

Notes

....

....

....

Recipe:

Ingredients:

....

....

....

....

....

....

....

....

....

....

....

....

....

Notes

....

....

....

Recipe:

Ingredients:

Notes

Recipe: ....

Ingredients: ....

....

....

....

....

....

....

....

....

....

....

....

....

....

....

Notes

....

....

....

Recipe: ....

Ingredients: ....

....

....

....

....

....

....

....

....

....

....

....

....

....

....

Notes

....

....

....

Recipe: ....

Ingredients: ....

....

....

....

....

....

....

....

....

....

....

....

....

....

Notes

....

....

....

Printed in Dunstable, United Kingdom